CB071112

PENÉLOPE MARTINS
IONIT ZILBERMAN

NÃO SE ESQUEÇA

Principis

Esta é uma história que escrevo para me lembrar de seguir criança dentro de mim mesma, ser capaz de me surpreender e de contar maravilhas sobre a vida.
Penélope Martins

Para minha mãe, com amor.
Ionit Zilberman

1

Todas as manhãs, Marília amanhecia esquecida. Saía do quarto e atravessava o corredor da casa, cambaleando de sono. Pisava apenas com a ponta dos pés. As meias afrouxadas formavam montes felpudos ao redor de suas canelas. Era assim que ela gostava. Dizia fazer bem aos ossos dos seus pés de bailarina. Ela tinha a imaginação nos calcanhares, era por isso que evitava fincar os pés no chão.

Seus pijamas traziam mapas inteiros: caminhos desenhados por rios achocolatados entre a fileira de botões (sempre faltava um). As ilhas sobre as calças eram pedacinhos de pão a boiar em manchas perfeitas de geleia ou de manteiga. E tudo lhe parecia uma obra de arte.

No sofá florido, onde se atirava preguiçosa com os gatos, seus cabelos espalhavam volumosos ninhos de passarinhos. E era por dentro deles que os pensamentos cresciam e contavam histórias de sapos falantes, chapéus enfeitados com plumas, coelhos e lebres.

Distraída, demorava a compreender o que a mãe queria dizer quando lhe lembrava algo que ela mesma não sabia ao certo o que era.

"Não se esqueça, Marília."

A manhã passava apressada com seus relógios a apitar horários de café, caderno, ônibus, garfadas de arroz, feijão, farinha e uma rodela de cenoura que lembrava o sol quente da fábula de uma cigarra a cantar na cabeça de Marília. Logo a noite chegava e encontrava Marília completamente esquecida.

2

Quando Marília era bem pequena, uma tia veio visitar sua família e trouxe de presente um pacote dourado para a menina. Era lindo, luminoso, tinha uma fita vermelha que atravessava e cruzava o papel metálico, erguendo um laço grosso e polpudo. Fazia pena desmanchar aquele embrulho. Decidida a mantê-lo intacto, Marília tratou de desfilar pela casa na ponta dos pés, trazendo no colo aquele mimo como um bebê que acabara de nascer.

Nos seus braços desmilinguidos o pacote parecia reluzente, ainda mais luxuoso. Marília erguia-o, enamorava-se dele, olhando para além do teto da casa quase a mordiscar nuvens. Assim era, rodopiava na ponta dos pés, os calcanhares livres como as plumas de sua valsa de cisne.

A noite encontrou Marília exausta naquele dia. Tinha exaurido todas as suas forças com tamanha felicidade.

A tia, desiludida com o embrulho ainda fechado, choramingava pelos cantos. Foi por isso que a mãe tratou de convencer a filha a romper com a tal promessa de não desmanchar o laço. Marília sabia o quanto seria triste o desenlace, mas se convenceu a dar essa pequena alegria para aquela tia de nariz adunco e boca murcha de sorrisos. Antes, porém, derramou algumas lágrimas que molharam o livro que ganhara.

Em seguida, adormeceu, profundamente, e sonhou com um sol feito de papel amassado.

Aquele livro ficou pela casa em algum buraco. Inatingível. Deve ter sido por causa da lágrima que Marília soltou, desmanchando o encanto que imaginara. Uma lágrima de menina é capaz de mudar a rota das coisas do mundo, abrir túneis por debaixo dos tacos, sugar objetos para outras dimensões.

Não foram poucas as vezes que a mãe perguntou pelo livro-sem-laço. Não foram poucas as vezes que Marília tentou lembrar onde escondera tamanha desilusão. Acontece que o livro sumiu do pensamento de Marília. Retornava, apenas, a voz da mãe. A voz da mãe, Marília nunca esqueceria.

3

Marília passava muito tempo transformando papel em confete. Era assim que suas mãos encontravam portas para o passado. O cuco na parede repetia fantasias por dentro de sua imaginação atiçada:

– Cuco, não grite. Fique bem quietinho, porque a mamãe está dormindo – dizia.

Durante muitos dias, Marília não escutava nenhuma ralha de sua mãe, e sentia falta até disso. Tinha se tornado uma menina muito obediente, comia tudo que colocavam em sua boca, não dizia "não" nem para remédio.

Pena que o entardecer era assustador. Os barulhos que as portas e as janelas faziam pela casa disparavam nela uma vontade incontrolável de ranger os dentes. E nesse momento era o pai quem dizia, sem paciência:

– Não se esqueça, Marília, seja boa menina.

Por sorte, a noite chegava deslumbrante de estrelas. O passarinho do relógio aparecia e distraía os olhos de Marília, que partiam com ele pela rachadura do pensamento.

4

– Esqueceu alguma coisa, dona Marília?

Marília esquecia e não sabia o quê. Revirava as gavetas da memória, revirava as linhas das mãos. Revirava os pés de bailarina dentro das meias felpudas. Revirava os olhos, revirava a língua. Nada. De frente com o espelho ficava parada, decifrando mistérios.

De repente, a palavra "livro" saltou de sua boca.

– Lembra de alguma história, vovó?

Achava graça cada vez que aquela moça a chamava de vovó. Marília não lembrava o nome de sua avó, também não lembrava o nome daquela tia que trouxe o sol embrulhado com laço de fita. "Abra o presente", era a voz da mãe que ela nunca esquecia.

Por vezes, a moça chorava baixinho só porque Marília não se lembrava do seu nome.

No deslembrar de Marília, a palavra avó se transformava em outra coisa, e mais outra. Avó, avoada, passarinho, pena. Os dias passavam assim, nada diferente acontecia. Tudo era apenas um vulto de natais envolvidos pelas mãos de Marília, arredondando montes de massa para fazer suas famosas rosquinhas. A neta esperava por isso todos os anos.

Marília repetia a receita para que a menina não se esquecesse. Ela andava atrás do avental da avó, de um lado para o outro da casa. As duas nas pontinhas dos pés.

– Se um dia eu não me lembrar das rosquinhas, você se lembrará. E não se esqueça do glacê de limão. O sabor está nos detalhes.

Pena que a neta era péssima com fórmulas mágicas. Nunca anotou a receita, também. Agora, a vertigem do açúcar lembrava aquele tempo que tinha se enfiado no buraco do inatingível junto com aquele livro desembrulhado a contragosto.

Será que a neta conhecia aquela história que a menina Marília abandonou nos tempos de infância?

5

Um dia, sentada na beira da calçada com seu vestido amarelo de renda, Marília repetiu três vezes a recomendação de sua mãe:
– Não se esqueça de brincar com cuidado, Marília. Esse vestido é de princesa, e as princesas são muito cuidadosas.

Embora tenha sido zelosa, ela jurava, seus olhos teimaram ao avistar um pneu largado na calçada. Quis experimentar. Girou ladeira acima.

Lá no alto, o pneu emudeceu com a ousadia da menina. Na pontinha dos pés, ela entrou se arrodeando.

Ainda pôde ouvir a voz da mãe ao longe:
– Marília!

Foi tarde. Quando a última sílaba ecoou, a menina era o pneu, o pneu era a menina. Ladeira abaixo, vendo o mundo girar de ponta-cabeça, o vestido se desmanchou em aventura. Era assim que Marília sabia abrir um pacote de presente.

Para o domingo restou o vestidinho de chita desbotado. Devia ser natal, ela quase se lembrava do menininho deitado na palha, travesso que nem ela, brincando nas fuças da vaca e do burro. O pequeno tinha sido feito de barro, acompanhado de uma mãe embalada em manto de retalho.

– Mamãe, sou feito esse menininho e sua mãe.
– Como é isso, minha filha?
– A gente não se importa em dormir com o teto furado, mamãe. Nem em vestir retalhos.
– E quando a goteira pinga, Marília?
– A gente toma a água todinha. E a gente amolece, da cabeça aos pés, porque somos feitos de barro.

A mãe ria. Do riso da mãe, Marília nunca se esqueceria.

6

Um dos homens que visitavam a avó era mais corpulento, ostentava uma barriga redonda como as rosquinhas que ela se esquecera de fazer. Tinha os cabelos falhos e brancos. Os olhos que teimavam não ver tudo, só o que ele queria mesmo. Quando ele entrava no quarto, junto com os outros dois, Marília estendia seu olhar pidão e fazia força para esticar os pés, sempre em ponta. Dos calcanhares, a imaginação lhe saltava, enquanto o corpo permanecia preso ao colchão.

Devia ser algum feitiço, igual aos que existiam no livro. Aquela paralisia abatia seu corpinho, cada vez mais minúsculo.

Marília estava se tornando um sopro. Quase não comia. Sua boca andava desajeitada, derramava rios de leite que percorriam a fileira de botões de seu pijama. Nenhum botão faltava, apenas o apetite.

O cuco na parede seguia o curso das horas: café, almoço, jantar. Os ponteiros se misturavam no estômago vazio da menina.

Será que estava doente? Não, não era possível. Ela tinha uma disposição de touro bravo, era o que sua mãe sempre lhe dizia. Costurava, cantava, bordava, cozinhava para um batalhão, batia as pernas no mercado naquele zás-trás de pontinha de pés de bailarina ligeira. Tinha aprendido tudo com a mãe ou com a avó, já não sabia.

Quando o seu primeiro menino nasceu, Marília deu um jeito de arranjar um berço trançado de palha. Uma formosura. Horas de máquina de costura para ajeitar os lençóis perfeitos e o travesseiro minúsculo para repousar a cabeça do seu bonequinho.

O rostinho dele era idêntico ao dela, bochechinhas saltadas, olhos pequenos, mãos ligeiras, pés de vento.

Brincaram aos borbotões. Marília e seu menino. Quando perguntavam o nome dele, inventava as coisas mais absurdas. Bem típico de quem tem tendência a deslembrar para que servem as palavras.

Primeiro o chamou de Favo de Mel. Ele tinha os cabelos dourados nos seus sonhos, embora fosse carequinha quando os olhos dela olhavam para o topo de sua cabeça redonda. Depois, fatigada de tantos afazeres com o menino, apelidou-o de Ventania. Por fim, esquecera seu nome. Mas, mesmo assim, fazia toda a força do mundo para erguer a ponta do dedo indicador em sua direção quando ele entrava em seu quarto.

– Mãe, você se lembra de mim?

Marília não esquecia, mas não lembrava. As palavras não saíam de sua boca.

Os outros homens ficavam só olhando, de longe. O mais jovem falava alto como se Marília não pudesse escutar. O mais velho de todos se lamentava como se Marília não estivesse ali.

7

Uma noite, enquanto a mãe costurava as pontas de suas meias, os olhos de Marília vagaram seguindo o feixe de luz do lampião, percorrendo a parede até a tábua solta do assoalho. Foi quando se lembrou. Espichou o corpo sobre a pontinha dos pés, dedilhou o passo a passo e, sem que a mãe perdesse o ponto, levantou a madeira e encontrou. Ali estava o livro perdido.

Não se lembrava de que era tão pequeno. Tinha uma menina na capa e uma mancha amarela sobre o seu vestido. Na primeira página, leu:

> "Naquelas tardes douradas, deslizamos num doce devaneio. Eu em seus braços pequenos que me faziam vagar como um barco sem rumo. Ah, que preguiça! Ah, que alento! Se uma pluma soprasse a voz humana, ela poderia me dizer o seu nome, Marília."

A tia já não parecia tão sem graça. Não depois de redescobrir seu livro. O coelho fugidio levou Alice para dentro de sua toca, igualzinho ao pneu que conversou com Marília até convencê-la a rolar ladeira abaixo, rumo às maravilhas. É verdade que, para se ter uma boa porção de felicidade, precisamos estar dispostos a perder as barras das saias. Foi assim que aconteceu. E seria assim a vida inteira.

A mãe ralhava por dias e dias quando o assunto era rasgar rendas de vestidos costurados a duras empreitadas. Mas acabava por se esquecer do caso. Ainda bem que a memória falhava.

A costura findava no bocejo da mãe, que remexia a coluna encarquilhada dos pesos que carregava. O pai de Marília não saía da janela nem por remédio. Seus cotovelos cascudos, apoiados no beiral, denunciavam a sua obstinação em espiar a vizinhança.

– Deviam cortar a cabeça desses desocupados que vivem a cantar pelas ruas como se fossem príncipes – dizia o homem.

A mãe nem respondia. Só pensava que era tarde, muito tarde, e tanto fazia abrir a boca ou continuar calada. Por sorte dela, Marília lia o livro em voz alta, ali bem perto de seus ouvidos.

– Cortem as cabeças! Papai é a rainha de copas desta casa, só que rei fica ainda mais mandão.

Embora a mãe não soubesse nada sobre copas, além dos jogos que ladeavam valetes e damas, sua imaginação embarcou na história que sua menina profetizava, caminhando ao seu redor na pontinha dos pés como era de costume. E foi justamente essa voz do livro que fez com que a mãe encontrasse a chave para abrir a porta de saída.

Nas próximas horas, mãe e filha apanhariam o trem na estação. No dia seguinte, dormiriam a primeira noite na casa da avó. E por lá seguiriam, donas de si, com os pés cada vez mais livres e aptos a pisar chão inteiro.

8

– **Q**ue dia é hoje, vovó? Hoje é o dia do seu aniversário.
Aos olhos de Marília, aquela moça estava com um ar diferente, um tanto esverdeada. Parecia um bocado enjoada. Devia ser por causa dos cremes. Ela se ocupava em fazer uma massagem gostosa em seus pés de bailarina. Lambrecava com seus cremes as pernas, os braços, as mãos, as bochechas de Marília.

Manteiga, era o que parecia. Como aquela das manchas em seu antigo pijama. Marília tinha se tornado uma menina muito boazinha. Fosse naquele tempo em que lhe faltavam os botões e lhe sobravam atitudes, ela diria para a moça, em alto e bom som:

– O que exatamente você está fazendo com toda essa manteiga?

Desconfiada, Marília fechava os olhos, sentia-se deslizante. E perseguia o coelho que aparecia e desaparecia nos atalhos de sua memória.

– Vou lhe contar uma história, vó.

Foi nessa hora que ela conseguiu soltar aquela que seria sua última palavra:

– Livro.

Uma palavra tem o poder de mover montanhas dentro de nós. Bastou a história se pronunciar para que a maravilha da língua se desenrolasse.

Livro. Livre. Era mais uma vez assim o tempo das coisas.

A moça partiu o silêncio, chorando de feliz. Do enjoo, esqueceu-se como esquecemos todos de algum tormento assim que a felicidade anuncia sua chegada. Parecia um milagre, sim, foi o que ela disse aos dois homens quando arrastaram pelo corredor as suas caras sérias e tristes. Favo de Mel não azedava, por razões óbvias, já que ele herdara de sua mãe a mesma natureza de passarinhar sobre a ponta dos pés. Livre, rápido, ventando.

9

– **M**inha mãe está partindo. Isso é triste. Pode ser que jamais eu possa escutar sua voz novamente, a dizer o meu nome, a me chamar dos apelidos mais bocós, a dizer seus alegres absurdos. Isso me faz rir, não sei por que nem como. Deve ser de nervoso, só pode.

– Pai.

– Faz-me tanta falta escutar suas histórias engraçadas, sua voz ralhando comigo, sua mania de querer resolver tudo, tudo sozinha – disse Ventania.

– Pai, minha avó disse uma palavra. Uma palavra! "Livro", pai. Que livro seria? Deve ser importante. Ela quer esse livro, tenho certeza – disse a moça com os olhos encharcados.

– É tarde, é tarde, é muito tarde para livros e essas bobagens de crianças – interrompeu o avô.

– Então, DONA MARÍLIA, COMO ESTÁ? – gritou o outro homem como se os ouvidos de Marília estivessem entupidos com manteiga.

Finalmente, a moça disse para o rapaz parar de gritar e proibiu ao avô que se lamentasse na presença daquela menina que era a sua avó. Em seguida, revirou o mundo, canto por canto daquela casa, junto com Favo de Mel, procurando qual livro seria capaz de remexer as lembranças de Marília.

Foi nesse reboliço que Ventania se lembrou da história do embrulho, do laço desfeito, e do País das Maravilhas.

– Eu sei qual o livro, Alice. – Era o nome da moça.

– Onde está, pai?

– Ele está comigo, mas, antes, eu preciso lhe contar uma história de que eu havia me esquecido...

10

Aquela casa tinha poucos livros, e nenhum era tão importante quanto o "livro do buraco", como Marília o batizara. O danado estava na gaveta mais atolada de coisas que Ventania conhecia. Eram botões e calendários passados e papéis e fotografias e um pano de chita com renda amarela que servia de embrulho para o livro.

A mãe de Marília dizia não ter muito tempo para ler com sua menina. Seu autodiagnóstico era de "olhos molengas", o que não era verdade. Sabia tudo de ver perto e longe, feito gavião, onça-pintada, linha que nunca errava o buraco da agulha. O problema dela era que as letras não lhe foram devidamente apresentadas.

Marília era esperta. Aprendera a ler mais pequena do que um pé de rabanete e lia para sua mãe, andando de um canto para outro da casa, na pontinha dos pés (como era esperado).

– "Menor", Marília, não se esqueça – corrigiu em algum momento a professora, e Marília aprendeu a dizer muito menor e pequeniníssima, assim como outras palavras que a mãe dela não sabia ler ou escrever no caderno, muito menos em livro.

Fazia dó na menina ler tão boa história sozinha. Por isso, o "livro do buraco" cochichou em seu ouvido, e Marília teve sua grandíssima ideia. Lia todas as noites para sua mãe e sua avó. Aquilo poderia demorar décadas, séculos, inclusive porque a menina era muito distraída e se esquecia da frase no meio para contar outra história que não estava escrita naquelas páginas. Para a Lagarta inventou tantas parentas que ela poderia ter coberto o céu com asas de borboletas. Com o Chapeleiro, catou penas de galinha-d'angola e bugigangas variadas para criar um desfile de chapéus.

Demorasse o que fosse, diria tudo o que estava no livro para as outras duas mulheres da casa. E foi assim que as três passaram a concordar que só fazia sentido viver se houvesse uma boa história a compartilhar.

Quando deslizava nas pontas dos pés, vestindo suas meias frouxas a correr como a cauda de um felino por seus tornozelos, não era incomum que dissesse:

– Eu esqueci que sou uma menina, eu sou um grandíssimo gato listrado que flutua!

A mãe trabalhava na máquina de costura, noite e dia, mas não deixava de dizer coisas com graça:

– Marília, não se esqueça, cuidado para não se tornar somente o sorriso e fazer desaparecer as listras e o gato!

Foi na voz da menina que a mãe começou a se lembrar da criança que tinha sido. Tão logo pôde comprar um presente para a sua filha, fez o mesmo que aquela velha tia. Encomendou outra história para o dono da venda. O livro veio embrulhado em papel de jornal dessa vez, sem dourados e veludos polpudos. Mas o efeito foi surpreendente e estonteante (como disse Marília).

– Estamos mais do que ricas, riquíssimas, riquissíssimas! Temos dois livros e uma história feita de papel dourado. Isso é mais luxuoso do que o castelo de uma ou mil rainhas de copas!

Pena que o segundo livro tinha pó mágico. Deve ter sido por isso que voou para a Terra do Nunca. Nem mesmo Favo de Mel se lembrava do paradeiro daquele segundo objeto fantástico.

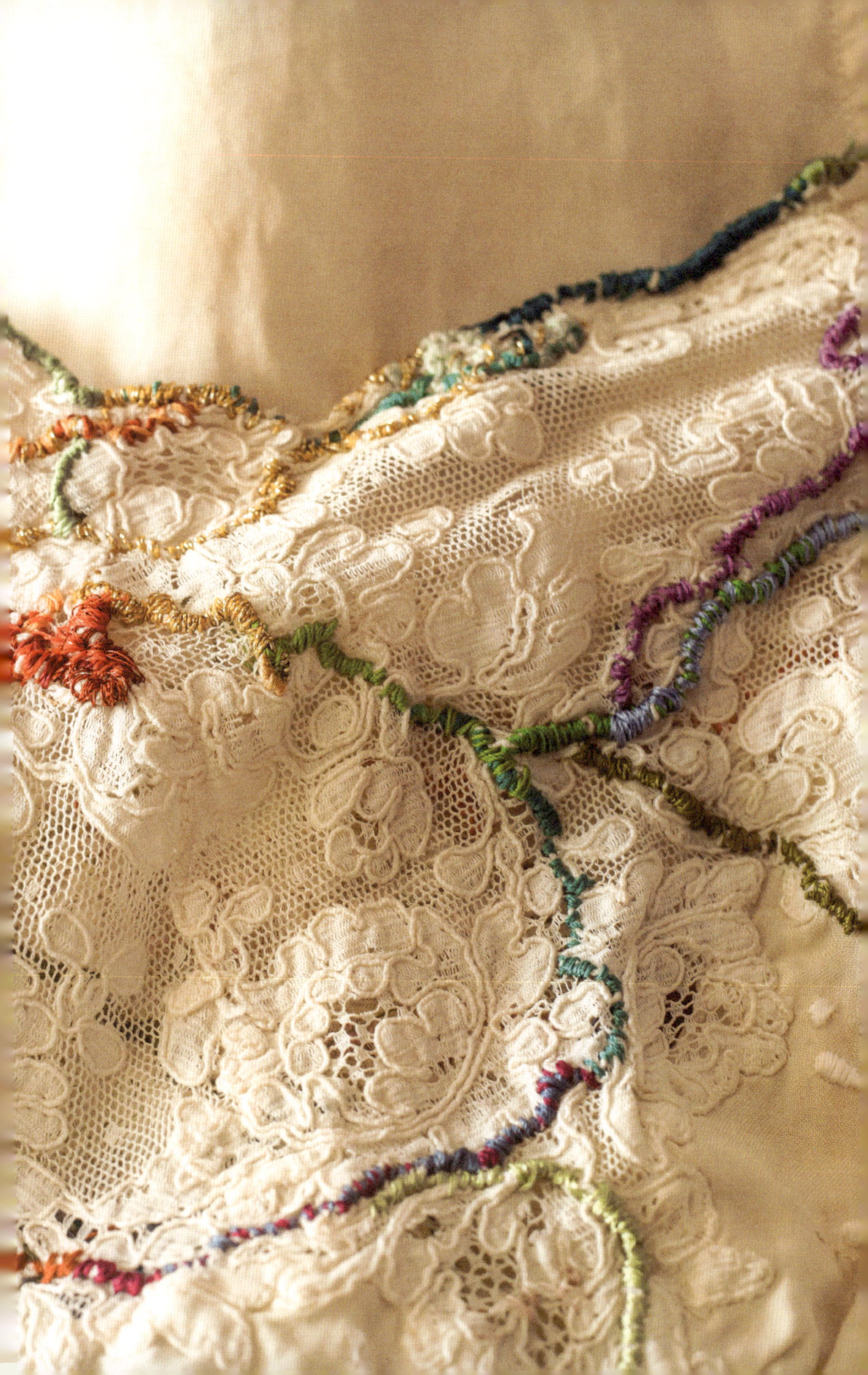

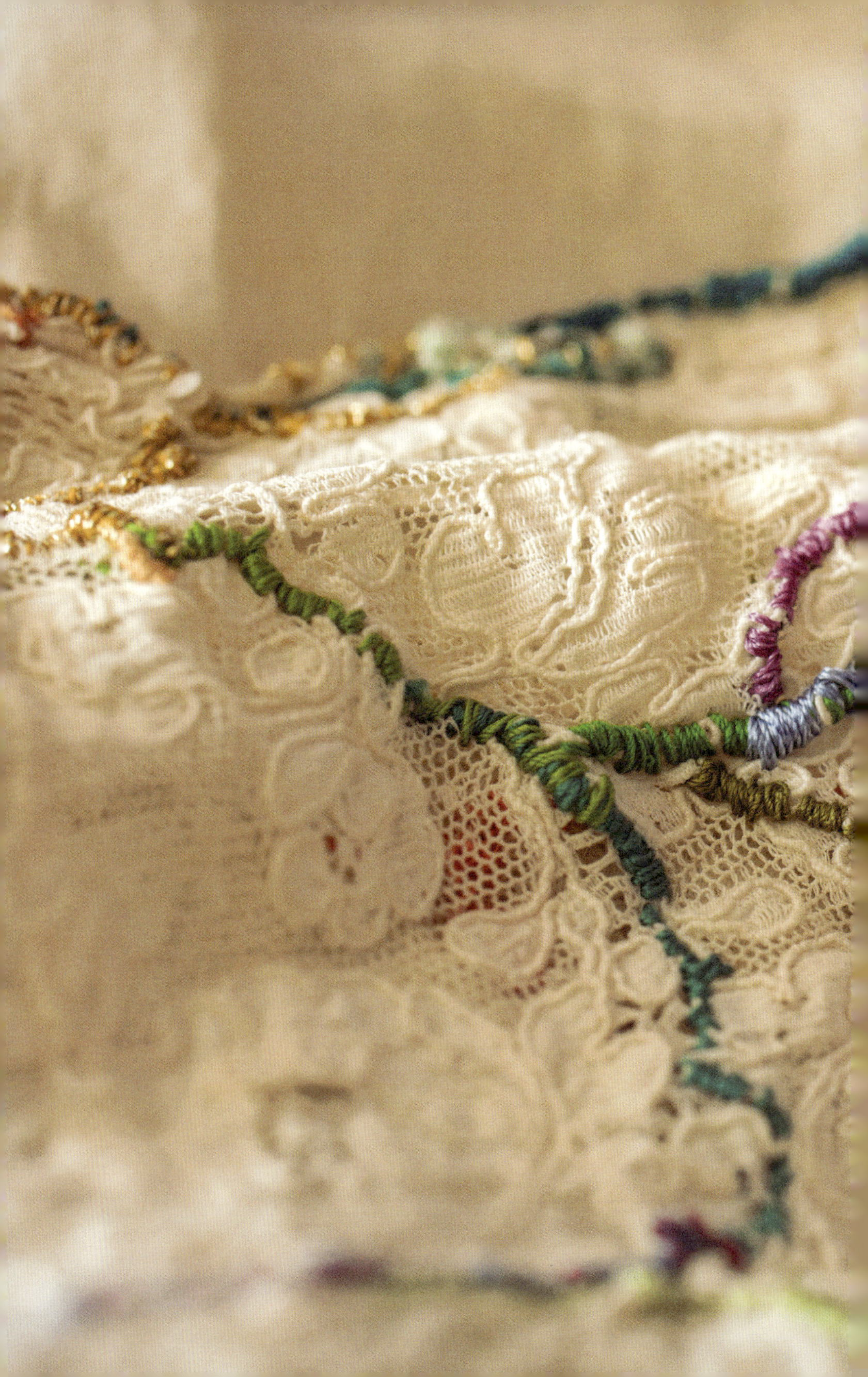

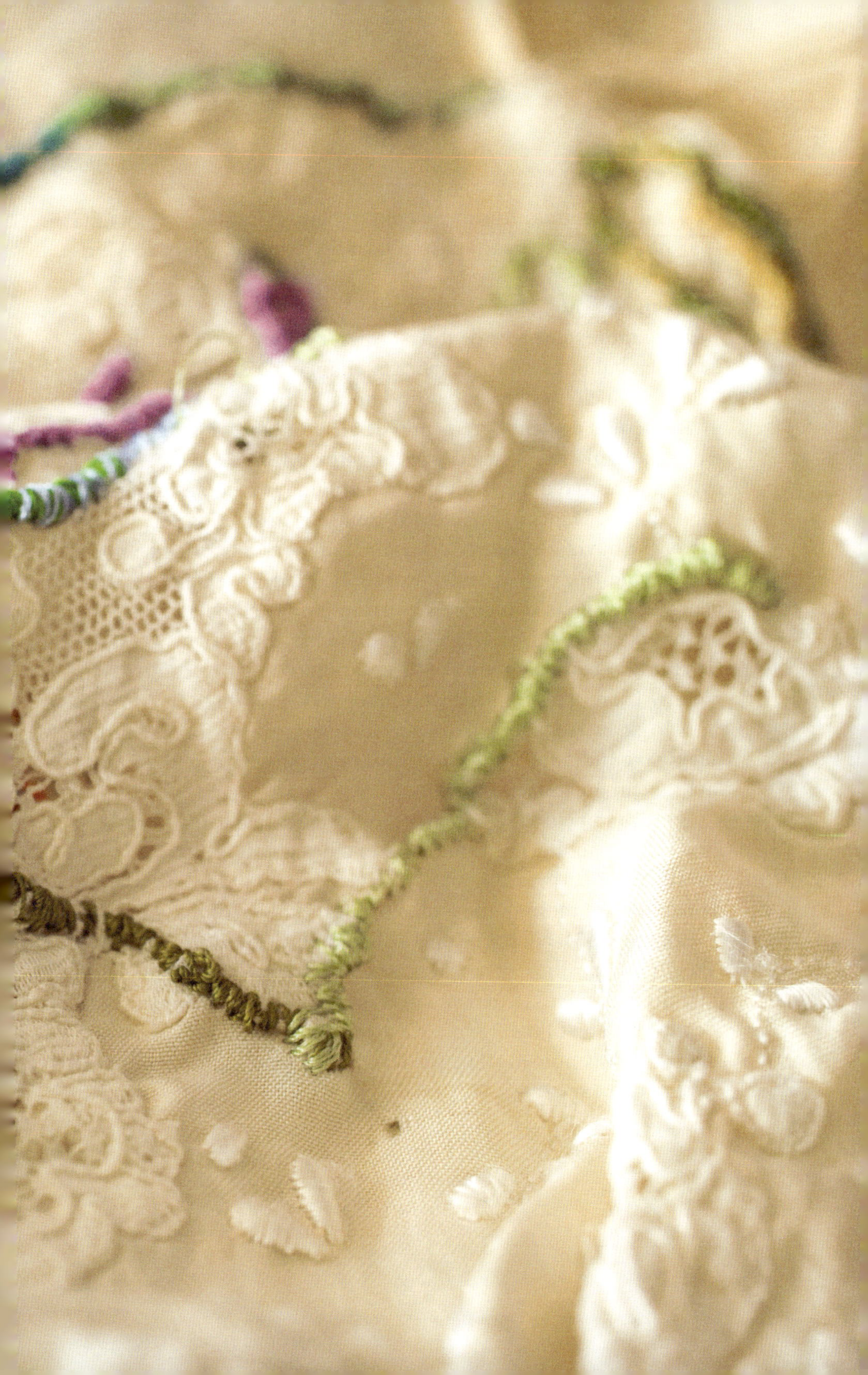

11

No dia seguinte, Alice veio com um embrulho dourado e uma fita polpuda, encarnada em laço perfeito. Os olhos de Marília acenderam.

– Um presente para você, vovó!

Foi a tarde mais feliz de todas. Apesar de a menina Marília não entender bulhufas sobre a moça a chamar de vovó, vó ou avó. "Deve ser meio deslembrada essa moça", diria.

Abraçou o presente, tremendo de alegria. Os dedos rígidos não eram coordenados por seus pensamentos. Marília queria erguer o embrulho feito o dia em que dançou iluminada pelo deslumbrante sol de papel. Dançar com ele na ponta dos dedos dos pés, imaginar o que havia ali dentro, criar maravilhas de histórias de porta aberta e de rio; de lagarta filósofa e de chapéus enfeitados com penas de galinhas-d'angola; de buraco e de coelhos e gatos e até mesmo de um pneu, girando, girando ladeira abaixo até se estatelar contra o tronco de uma árvore, fazendo cair um esquilo e dez pinhas. Tudo isso acontecia em um segundo na cabeça de Marília.

Não se esqueça de que, neste momento da história, Marília imaginava tudinho, tudinho mesmo, mas não dizia nenhuma palavra. Nem precisaria.

A moça impediu que qualquer um deles desenlaçasse o embrulho. Marília anoitecia e esquecia. No dia seguinte, Alice lhe traria novamente a surpresa. Assim as duas viveriam de rever a alegria da lembrança, mesmo que a memória fosse pequeniníssima.

Enquanto Marília apertava o embrulho dourado, sua neta, Alice, lia nos olhos dela a história que contaria para sua filha quando não existisse mais a sua avó. Favo de Mel chorava com o cantinho dos olhos. (Ah, e eu quase me esquecia de dizer que os outros dois homens da casa achavam aquilo tudo uma loucura, sem pé nem cabeça.)

12

As coisas envelhecem, desvanecem, quase, quase nos esquecemos de tudo... Sorte nossa permanecer a história no papel, nas páginas de um livro.

– Sua avó foi quem escolheu o nome Alice – disse o pai.

– E você se esqueceu de me contar o motivo? – perguntou a moça.

– O motivo é você mesma, ora. E, você sabe, sempre fui meio avoado.

Fazia pena ler uma história tão boa, sozinha. Por isso, a moça lia em voz alta para sua avó Marília. Aquilo poderia demorar décadas, séculos, bastava que ela lesse bem devagar. E, se ela demorasse, a avó ficaria para sempre, era o que pensava.

Na primeira noite, a voz de Alice fez renascer o livro. Os três homens ficaram conversando entre eles na sala ao lado. Um lamentava, um se corrigia antes do grito, e o terceiro esticava a orelha e ria. Favo de Mel espiava pelo vão da porta sua filha lendo para sua mãe.

Marília esquecia tudo quando a noite desmaiava seus olhos. Não se lembrava de Alice nem do coelho, não entendia o porquê de a moça a chamar de avó e muito menos o que Favo de Mel queria dizer com:

– Mãe, olhe só quem está chegando... – Enquanto passava a mão ao redor da barriga de Alice.

Logo, as borboletas que moravam na cabeça de Marília poderiam sair. Elas voariam e cobririam o teto e apagariam a luz que fazia seus olhos latejar. É horrível ter uma luz no teto que faz latejar os seus olhos quando você não pode dizer "apague essa luz" ou coisa parecida.

A manteiga continuou. Alice era insistente como sua avó. Virava Marília para lá e para cá, passando cremes e mais cremes em suas pernas, mãos, barriga. Em algum momento, houve certa dificuldade nessa tarefa, pois a barriga de Alice continuava crescendo demais, uma lua cheia que traz por dentro o sorriso de um gato ou uma gata listrada.

Os três homens ajudavam no que precisava, embora o mais velho continuasse lamentando vez por outra pelos corredores: "ela era tão forte". Pelo menos o do meio aprendera a falar baixinho com sua mãe.

Favo de Mel abraçava Marília com o desejo de mil ventanias, enquanto seu pensamento repetia uma única frase: "Eu não me esqueço de sua voz, mãe".

A voz da mãe não vinha. Não assim para fora. Os assombros da tarde foram sumindo até desaparecer por completo. Marília ia se esquecendo de que tinha se esquecido de tanta coisa, era só a voz de Alice que lia e lia e lia e ria até adormecer sua avó.

A bisneta nasceu no dia 24 de dezembro. Um dia antes do menininho de barro que dormia na palha junto de sua mãe vestidinha de trapo. Marília adoraria saber disso. Decerto, ela faria rosquinhas para as duas crianças.

Não tardou anunciarem para Marília que o nome da bisneta seria o nome da bisavó. Ela pareceu não entender o que era uma bisneta. Favo de Mel jurou que escutou sua mãe dizer que essa ideia era excelente. No entanto, a única coisa que Alice escutou foi uma revoada de borboletas.

Eram tantas. No final de uma tarde, cobriram todo o teto do quarto, apagaram a lâmpada que fazia os olhos de Marília latejar.

Favo de Mel abriu a janela. Alice segurou sua filha no colo. E foi na ventania que as asas das borboletas carregaram o sol do poente.

Ficou um vazio.

13

Na manhã do dia seguinte, como se fosse mágica, sobre a mesinha de cabeceira o sol apareceu, embrulhado a laço polpudo. Alice sorriu para sua filha. Abriu o livro e leu para que Marília não se esquecesse.

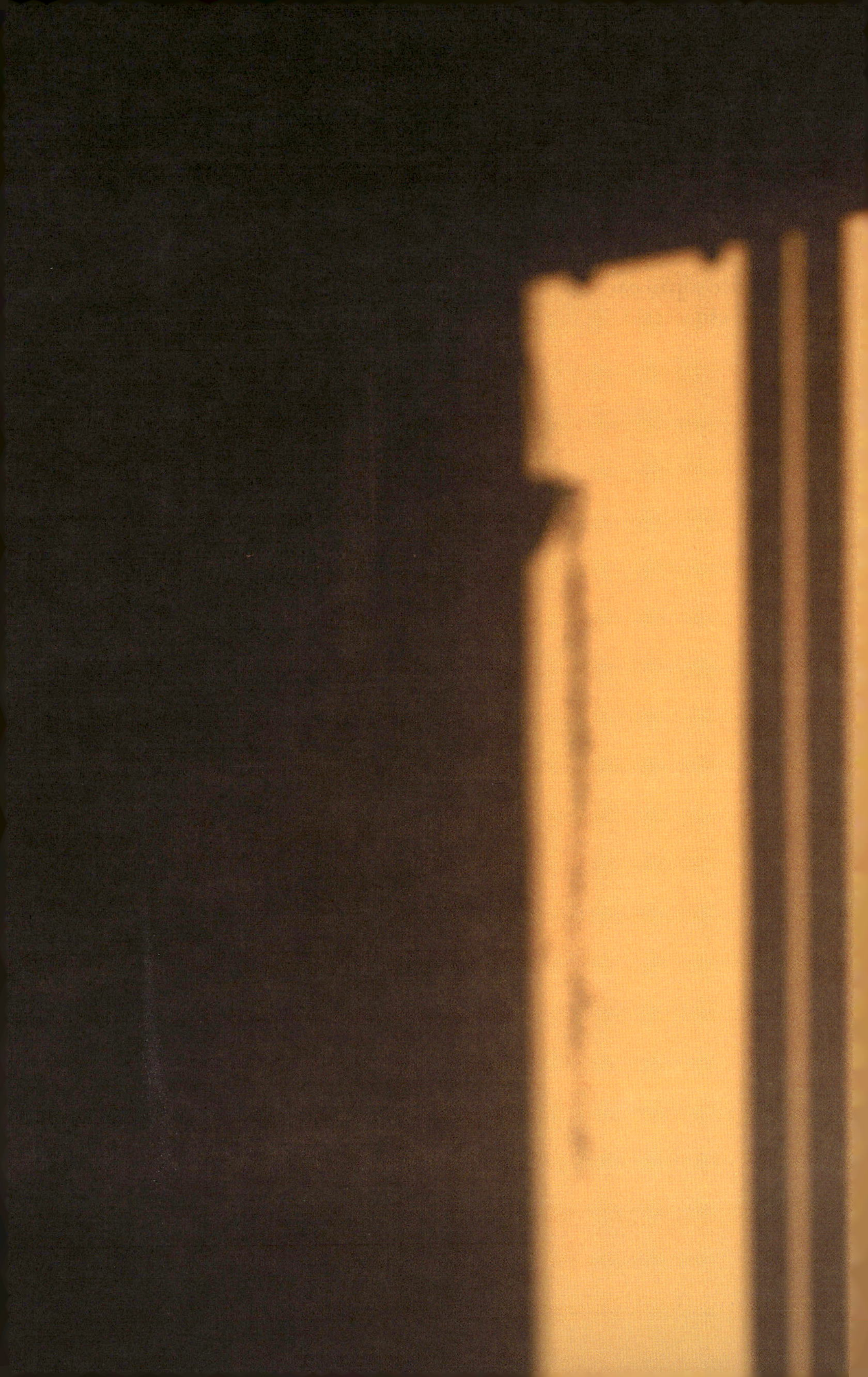

PENÉLOPE MARTINS

Meu nome é Penélope Martins, e isso por si só já dá uma história. Foi minha mãe quem teve a ideia de trazer da Grécia Antiga um nome de tecelã para mim. Uma sina de contar histórias. Era para ser assim. O nome da gente tem um monte de coisas por dentro: mãe, avós, galinhas que ciscam no quintal, um tombo de bicicleta que rasga a barra da saia, pedrinhas que ralam nossos joelhos, uma travessa de rosquinhas com glacê de limão, um livro. Eu conheço uma menina de nome Marília, muito destemida e criativa e forte como um touro! O nome dela eu não sei quem foi que escolheu, deve ter sido a mãe dela (e, se não foi, eu posso inventar que foi). Um dia, ao visitar Marília, percebi que ela estava se esquecendo das palavras. Ela misturava as coisas dentro da cabeça, sabe, como quem passa manteiga no pão e depois acrescenta geleia e manteiga novamente. É curioso como gente envelhece e se torna criança novamente. Marília começou a receber cuidados intensos, até cremes pelo corpo (coisa que ela detestou a vida todinha, antes de esquecer as palavras). Hoje em dia, quando eu visito a menina Marília, não vejo mais a senhora avó, a mãe, a esposa, minha sogra. Encontro ali uma lagarta travessa que filosofa os segredos para quem deseja escutar. Cada dia de lagarta é um passo para virar borboleta. E esse não esquecimento de quem Marília era, é, e será no "felizes para sempre" da memória foi o que me ventou para escrever esta outra história. Tudo aqui foi inventado, nada é biográfico, e me desculpem os senhores tristes (mas foi bonito, também, ver que os homens puderam aprender a cuidar daquela que cuidou deles durante tantos e tantos anos). O papel de embrulho dourado, isso sim, foi proposital. É que cada dia novo, com o sol insistente e perseverante sobre a nossa cabeça, é uma boa oportunidade para encontrar a chave e abrir a porta e sair na pontinha dos pés, ventando alegrias. Estar vivo é um baita privilégio.

IONIT ZILBERMAN

Olá, meu nome é Ionit, sou formada em artes plásticas e me dedico à produção de narrativas imagéticas literárias. Nasci em Tel Aviv, Israel, em 1972. Moro em São Paulo desde os meus seis anos de idade. O meu primeiro trabalho com livros foi há muito tempo. Atualmente, são mais de 60 livros publicados no Brasil, alguns deles traduzidos e também publicados em outros países. Sempre que ilustro um texto, procuro ouvir o que ele me pede. Durante esse período de escuta, identifico como criarei as imagens. Neste livro, uma história foi bordada a partir de uma peça de combinação que pertenceu à minha mãe e que um dia ganhei dela, de presente. Uma combinação é uma peça íntima que as mulheres costumavam usar debaixo de vestidos. Essa peça tem cerca de setenta anos e está toda marcada pelo tempo: o tecido esgarçado, as rendas se desfazendo. Ao longo de dois meses, bordei essa peça como uma metáfora, para recuperar as memórias perdidas de minha mãe e minha história com ela, que passa pela própria costura. O objetivo não foi "consertar" as marcas feitas pelo tempo, mas transformá-las em homenagem. No início, eu não sabia ainda para onde as linhas me levariam. Fui me deixando nortear pela emoção que o texto de Penélope suscitou em mim, assim segui, costurando. Dia a dia, as imagens começaram a adquirir uma forma cartográfica, o desenho de um mapa tão íntimo como a própria peça: caminhos, rios, alguns lugares onde a linha se acumula. Uma nova geografia para histórias antigas. Meu agradecimento especial à Penélope, por confiar e acreditar no meu processo de criação, por ter me presenteado com a oportunidade de sair da rota.

Esta é uma publicação Principis, selo exclusivo da Ciranda Cultural.

© 2023 Ciranda Cultural Editora e Distribuidora Ltda.

Texto © Penélope Martins
Ilustrações © Ionit Zilberman
Editora: Michele de Souza Barbosa
Capa e projeto gráfico © Raquel Matsushita
Diagramação: Entrelinha Design
Revisão: Fernanda R. Braga Simon
Produção: Ciranda Cultural

1ª Edição em 2023
www.cirandacultural.com.br

Todos os direitos reservados. Nenhuma parte desta publicação pode ser reproduzida, arquivada em sistema de busca ou transmitida por qualquer meio, seja ele eletrônico, fotocópia, gravação ou outros, sem prévia autorização do detentor dos direitos, e não pode circular encadernada ou encapada de maneira distinta daquela em que foi publicada, ou sem que as mesmas condições sejam impostas aos compradores subsequentes.

Dados Internacionais de Catalogação na Publicação (CIP) de acordo com ISBD

M386n	Martins, Penélope. Não se esqueça / Penélope Martins; ilustrado por Ionit Zilberman – Jandira, SP: Principis, 2023. 48 p.: il.; 15,5 cm x 22,6 cm. ISBN: 978-65-5097-101-4 1. Literatura juvenil. 2. Literatura Brasileira. 3. Relatos. 4. Alzheimer. 5. Convivência. 6. Memória afetiva. 7. Amadurecimento. I. Zilberman, Ionit. II. Título.
2023-1558	CDD 028.5 CDU 82-93

Elaborado por Lucio Feitosa - CRB-8/8803

Índice para catálogo sistemático:
1. Literatura Juvenil 028.5
2. Literatura Juvenil 82-93

Este livro foi composto com as tipografias Sabon e Whitney, no estúdio Entrelinha Design, impresso em papel offset 90g, em outubro de 2023.